andar com fé

gilberto gil + daniel kondo

coleção letrailustre • 1

wmf martinsfontes

Andar com fé eu vou

Que a fé não costuma faiá

Que a fé tá na mulher

A fé tá na cobra-coral

Num pedaço de pão

A fé tá na maré

Na lâmina de um punhal

Na luz,

na escuridão

A fé tá na manhã

A fé tá no anoitecer

No calor

do verão

A fé tá viva e sã

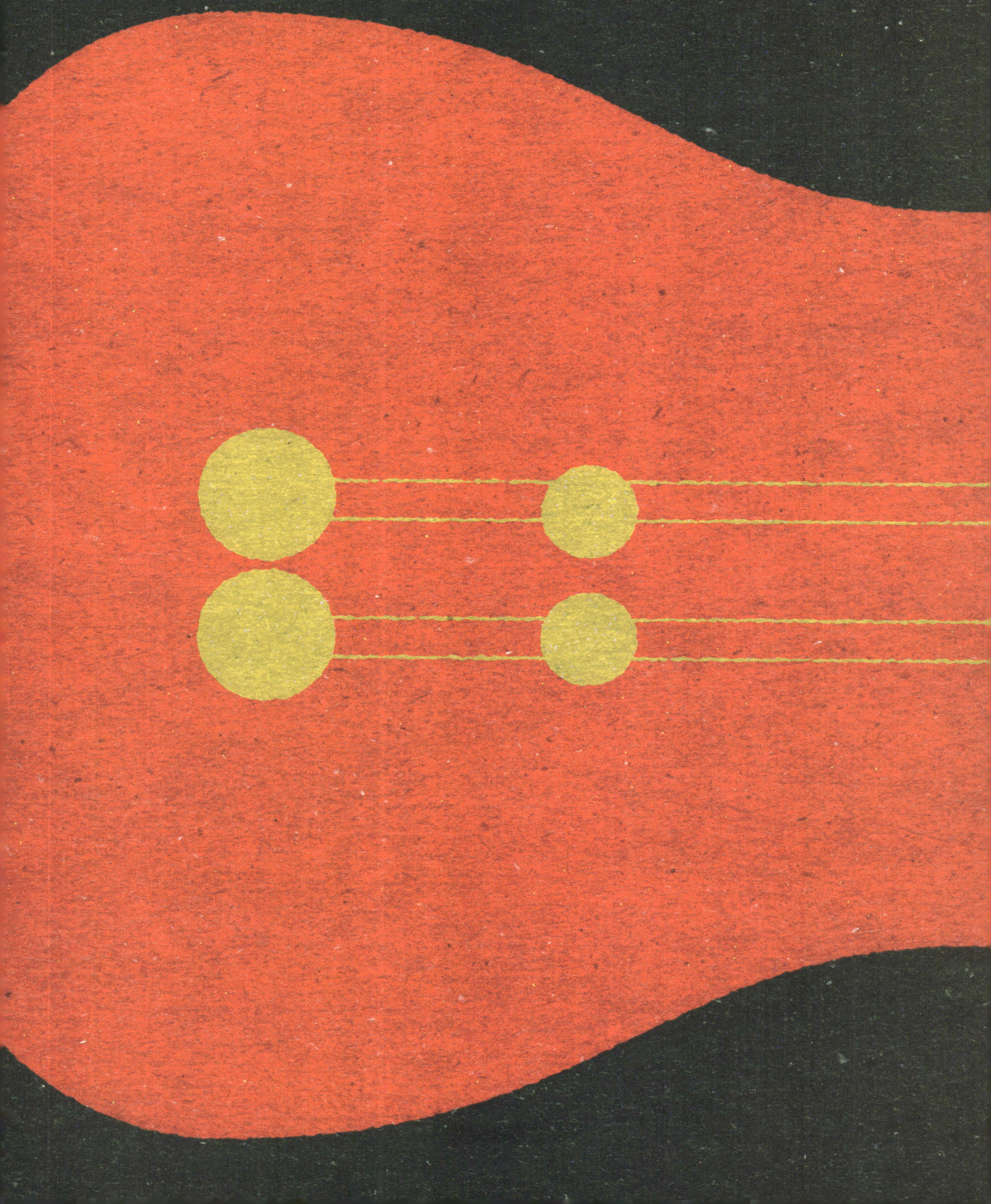

A fé também tá pra morrer

Triste na solidão

Certo ou errado até

A fé vai onde quer que eu vá

A pé

ou de avião

Mesmo a quem não tem fé

A fé costuma acompanhar

Pelo sim,

pelo não

Andar com fé eu vou

Que a fé não costuma faiá

Em 1982, mesmíssimo ano em que fazia seus quarenta anos de idade e terminava de gravar e lançar o seminal álbum *Um Banda Um*, dedicado a diálogos com as religiosidades católica, de matriz africana, umbandista, oriental etc., Gilberto Gil compôs esta canção que viria a permanecer entre as mais famosas do seu vasto repertório, "Andar com fé". Uma peça ao mesmo tempo singela e comovente na sua construção musical, que permite a formulação pungente de uma afirmação nas fés, múltiplas e jamais maiúsculas.

Não é A fé que não costuma falhar, mas a fé; fé para cada um, fé para qualquer um que manifeste um vínculo complexo com o mundo, num anseio de entendê-lo e vivê-lo. E, mais uma vez, Gil parece ser precisamente aquilo que prega em suas letras: católico de formação desde a primeira infância em Ituaçu, na Bahia, é também um leitor assíduo do I Ching chinês, um filho de Xangô entusiasta férvido do candomblé, um pesquisador interessadíssimo pelo discurso científico, um membro dos afoxés, isso sem falar na faceta política e na relação com a dieta macrobiótica. Em resumo, um homem de muitas fés, de muitas cores e modos, inclusive a "Fé na festa", como diz o título de seu álbum de 2010. Tudo está num mesmo balaio multifacetado, que não aparece como modos de provar os valores pré-fabricados. Gil é o balaio que ele próprio leva. Vejamos então as três estrofes da nossa canção:

Que a fé tá na mulher
A fé tá na cobra-coral
Ô-ô
Num pedaço de pão
A fé tá na maré
Na lâmina de um punhal
Ô-ô
Na luz, na escuridão

A fé tá na manhã
A fé tá no anoitecer
Ô-ô
No calor do verão
A fé tá viva e sã
A fé também tá pra morrer
Ô-ô
Triste na solidão

Certo ou errado até
A fé vai onde quer que eu vá
Ô-ô
A pé ou de avião
Mesmo a quem não tem fé
A fé costuma acompanhar
Ô-ô
Pelo sim, pelo não

Como em muitas outras canções, Gil revela aqui um fascínio pela estrutura tripla. São precisamente três estrofes, cada uma delas apresentando duas séries de três imagens cada. Nelas, a fé vai se desdobrando: primeiro passa pela mulher humana, pela cobra-coral como um totem indígena e pelo pão que pode evocar a comunhão católica.

Na segunda parte da primeira estrofe, temos uma sequência ainda mais refinada. Primeiro, a fé está na maré, em pelo menos dois sentidos: no movimento das marés, que por milênios guia marinheiros e pescadores, mas também no próprio Complexo de Favelas da Maré, no Rio de Janeiro. Em segundo lugar, a fé está também no punhal, que prenuncia um sacrifício, que pode ser uma oferenda de candomblé, ou lembrança da história de Abraão, sendo que uma leitura não impede a outra. Em terceiro, a fé está para além de uma salvação simples: porque se encontra na luz e na escuridão, ou seja, assume matizes complexos, inúmeros, organiza vários modos de vida.

Na segunda estrofe, a fé aparece em polos opostos: na manhã e no anoitecer, ou no calor do verão, que atravessa dia e noite. A fé também não é um monolito: se está viva e sã, isso não implica de modo algum que não esteja pra morrer a qualquer momento. E isso porque a fé vive e morre, *vivemorre*, transmutando-se sem parar, tal como o mundo.

Por fim, na terceira e última estrofe, temos uma inversão, porque a fé agora é que acompanha cada um aonde quer que vá, esteja certo ou errado, seja a pé ou de avião; porque ela não garante nem necessariamente remedia o erro, embora o acompanhe.

Ela tem, ao fim e ao cabo, suas contradições; por isso Gil acerta tanto na sacada final: aqui a fé não é mais apenas religiosa, porque mais correto é compreender que não existe o mundo humano desprovido de uma fé. Ela está presente na confiança amorosa, no estabelecimento familiar, nas amizades, nas artes; está hoje na medicina, nas vacinas, nas batalhas por vidas melhores, vidas vivíveis. Assim aparece também uma verdadeira fé na natureza, entre os ciclos solares e lunares, uma aposta no Real que nos atravessa. Seria de se pensar que a fé até supera o crente ou o descrente. E o jeito misterioso com que ela nos move também está no jogo sonoro com que Gil canta "a fé tá", que nos faz *escutar "afeta", porque a fé, mais do que qualquer outra coisa, nos afeta e nos dá sentido*.

Com tudo isso em mente é que podemos ler o refrão:

Andar com fé eu vou
Que a fé não costuma faiá

Trata-se de uma afirmação plena dos modelos de fé, inclusive da fé popular, que implica a formulação de "faiá" em vez do formal "falhar". Ele mesmo diz, no livro *Todas as letras*, em parceria com Carlos Rennó, que aqui tinha "intenção de legitimar uma forma popular contra a hegemonia do bem-falar das elites. É uma homenagem ao linguajar caipira, ao modo popular mineiro, paulista, baiano — brasileiro, enfim — de falar 'falhar' no interior". (Gilberto Gil. *Todas as letras*. Org. e colab. Carlos Rennó. 3. ed. São Paulo: Companhia das Letras, 2022. p. 249.)

Basta escutar algumas gravações feitas por Gil dessa canção, entre o estúdio e os shows. Não é nada menos do que uma celebração, uma verdadeira festa da fé, festa para cada fé, com sua complexidade humana, suas contradições, por isso seus riscos e belezas. Tão misteriosa que ela não costuma falhar, mas até falhar pode: pelo sim, pelo não. Nos momentos de hesitação, na grande cisão entre a pessoa e o mundo, sim, ela também falha. No entanto, um dos modos da fé é precisamente essa aposta no "não costuma", o que guarda o saber de que tudo pode dar errado sem que se perca a fé.

As ilustrações de Daniel Kondo neste livrinho certeiro vão direto a esse ponto sem centro da canção, ao seu transbordamento convidativo: a cada desenho vemos que seu modo de fé pode ser totêmico, furta-cor, fusional, esquivo, sincrético, elíptico, corporal, transcendental, racional. Pelos nãos, pelos sins, cada imagem encontra a letra e a desdobra: não se ilustra apenas dando a imagem direta da imagem mental de uma letra, mas percebendo seus vazios, tudo que ali é não dito e em nós provoca um anseio de completar, inventar, conversar, cantar, andar — são corpos, peles, cores, gostos que explicitam e conclamam a cada passo um dos jeitos da fé.

Guilherme Gontijo Flores

Baiano de Salvador (1942), **Gilberto Passos Gil Moreira** é uma das figuras mais reconhecidas da cultura popular brasileira. autor de clássicos como *Refazenda*, *Esotérico*, *Expresso 2222*, *Realce*. Entre outros. Começou sua carreira no acordeão, ainda nos anos 50. Seu primeiro LP, *Louvação* (1967), já concentrava sua forma particular de musicar elementos regionais sem perder a atenção para as singularidades do mundo contemporâneo. Em 1963 conheceu Caetano Veloso e com ele iniciou uma longa parceria. Juntos fundaram o movimento tropicalista, que envolveu artistas como Gal Costa, Tom Zé, Rogério Duprat, José Capinam, Torquato Neto, Rogério Duarte, Nara Leão, entre outros, e mudou a história cultural do Brasil.

Por sua postura provocadora, Gil e Caetano foram presos pela Ditadura Militar. Forçados ao exílio, foram viver em Londres, onde receberam forte influência dos Beatles, de Jimi Hendrix e de todo o mundo pop que despontava na época. Ao retornar para o Brasil, Gil deu continuidade a uma rica produção fonográfica. São ao todo quase 60 discos, que tiveram em torno de 4 milhões de cópias vendidas, conquistando vários prêmios, entre eles nove Grammys. Em 1979, o cantor e compositor assumiu o cargo de membro do Conselho de Cultura do Estado da Bahia, sendo o primeiro negro a ocupar essa posição. Alguns anos depois, com a retomada democrática no Brasil, já em 1987, tomou posse na presidência da Fundação Gregório de Mattos, responsável pelas políticas culturais de Salvador; em seguida, entre 1989 e 1992, foi vereador da capital baiana. Para culminar essa faceta política, em 2002, após sua nomeação como Ministro da Cultura, Gil passou a circular também pelo universo sociopolítico, ambiental e cultural internacional. Suas múltiplas atividades vêm sendo reconhecidas por várias nações, que já o nomearam, entre outros, Artista da Paz (Unesco) e Embaixador da FAO (ONU), além de lhe concederem condecorações e prêmios diversos, como o *Légion d'Honneur* da França e o *Sweden's Polar Music Prize*.

O reconhecimento de sua vida e obra mais recente veio através da nomeação de *Doutor Honoris Causa* pela Universidade de Berklee e de imortal pela Academia Brasileira de Letras (ABL) para ocupar a cadeira de número 20. Ambos os títulos recebidos em 2021.

Gaúcho de Passo Fundo (1971), **Daniel Kondo** viveu muitos anos em São Paulo, onde desenvolveu boa parte de sua carreira profissional na publicidade, migrando gradualmente para o design editorial e para a ilustração.

É conhecido por parcerias inusitadas entre universos de múltiplas linguagens, como na música, em parceria com Lulu Santos, no livro *LULU Traço e Verso* (Pancho Sonido, 2020), e com Fernanda Takai, no livro *Quando Curupira encontra Kappa* (WMF Martins Fontes, 2023). Com o livro *TCHIBUM!* (Cosac Naify, 2009), lado a lado com o campeão olímpico Gustavo Borges, foi premiado na Feira Internacional de Bolonha (menção honrosa no prêmio *New Horizons*).

Com o livro *O vermelho vaidoso*, em parceria com Alejandra González, publicado por esta editora, conquistou o prêmio *The Braw Amazing Bookshelf*, na categoria Opera Prima, da Feira Internacional do Livro Infantil de Bolonha em 2023.

Atualmente, reside em Punta del Este, no Uruguai. A relação do ser humano com a natureza e o meio ambiente inspira continuamente grande parte de sua obra.

1a edição 2023

Coordenação editorial
Daniel Kondo

Revisões
Helena Guimarães Bittencourt
Diogo Medeiros

Projeto gráfico
Daniel Kondo

Produção gráfica
Geraldo Alves

Edição de arte
Adriana Fernandes

Dados Internacionais de Catalogação na Publicação (CIP)
(Câmara Brasileira do Livro, SP, Brasil)

Gil, Gilberto
Andar com fé / Gilberto Gil, Daniel Kondo ; ilustração Daniel Kondo. -- 1. ed. -- São Paulo : Editora WMF Martins Fontes, 2023.

ISBN 978-85-469-0456-3 (capa dura)
ISBN 978-85-469-0471-6 (brochura)

1. Gil, Gilberto, 1942- 2. Música popular - Brasil - Letras I. Kondo, Daniel. II. Título.

23-149597 CDD-781.630981
23-158193

Índices para catálogo sistemático:
1. Canções : Gil, Gilberto : Música popular brasileira : História 781.630981
Eliane de Freitas Leite - Bibliotecária - CRB 8/8415

Rua Prof. Laerte Ramos de Carvalho, 133
CEP 01325-030 • São Paulo • SP • Brasil
Tel. (11) 3293-8150
e-mail: info@wmfmartinsfontes.com.br
http://www.wmfmartinsfontes.com.br